D1732196

Miray Pe

I am not crazy, I just feel a lot

story.one – Life is a story

 story.one

Mehr zum Thema »Bipolare Störung« unter: https://gesund.bund.de/bipolare-stoerung
Hilfe bei suizidalen Gedanken unter: https://www.telefonseelsorge.de oder unter der
Telefonnummer: 0800 1110111

ISBN: 978-3-7108-7173-3

Für alle Chers da draußen.
Und für alle, die eine Cher um sich haben.
Achtet aufeinander.
Seid gut zueinander.

INHALT

Kapitel 1: Cher   9

Kapitel 2: Cher   13

Kapitel 3: Bal   17

Kapitel 4: Cher   21

Kapitel 5: Bal   25

Kapitel 6: Bal   29

Kapitel 7: Cher   33

Kapitel 8: Cher   37

Kapitel 9: Cher   41

Kapitel 10: Cher   45

Kapitel 11: Bal   49

Kapitel 12: Bal   53

Kapitel 13: Cher   57

Kapitel 14: Cher   61

Kapitel 15: Bal   65

Kapitel 16: Cher   69

Kapitel 17: Bal   73

›On My Mind‹
- Jorja Smith, Preditah

Kapitel 1: Cher

Fuck Trevor.

Ernsthaft. Fuck him.

Seit ich ihn vor einer halben Stunde in flagranti mit seiner neuen »Praktikantin« während seiner »Überstunden« in seinem »Büro« (keine Ahnung, wieso ich das Büro gedanklich in Gänsefüßchen setze, denn es ist tatsächlich sein Büro) erwischt habe, stampfe ich wütend und ziellos durch die Straßen, als wolle ich den Boden dafür büßen lassen, dass das Schicksal mich mal wieder mit einem sogenannten *Mann* testen musste.

Aber ausgerechnet Trevor! Ernsthaft, Schicksal? Bis vor einer halben Stunde waren wir seit fast elf Monaten zusammen gewesen, was mit Abstand die längste Beziehung ist, die mein peinliches Liebesleben aufzuweisen hat. Trevor schien mir nie der Typ zu sein, den ich irgendwann mal schwitzend und keuchend über ein armes Mäuschen Anfang zwanzig gebeugt in seiner fast schon unangenehm sterilen Kanzlei erwischen könnte. Was soll ich sagen? Die Wege des Herrn sind unergründlich. Das wäre jedenfalls das, was meine Nana sagen würde.

Ich sage einfach: Fuck Trevor. Und alle anderen auch.

Eigentlich überrascht es mich nicht. Und ganz eigentlich ist es mir auch egal, da es nicht das erste Mal ist, dass mir so etwas passiert. Ich lehne mich jetzt trotzdem mal ganz vorsichtig weit übers Fenster und behaupte, dass es nicht an mir liegt. Unmöglich.

Und ganz ganz eigentlich vermute ich, dass diese Wut, die sich just in diesem Moment unter meinen Füßen an den Straßen Londons ablädt, eventuell etwas überzogen ist. Ich weiß nicht einmal, ob ich ihn liebe. Oder geliebt habe. Nana hätte ihn für eine gute Partie gehalten, was ein Pluspunkt war, den sich dieses Arschloch jedenfalls nicht verdient hat. Aber es geht hier ums Prinzip.

Ich wurde mal wieder beschissen, also habe ich jetzt verdammt nochmal das Recht, wütend zu sein.

Gerade als ich mich in den Gedanken reinsteigere, die Erde durch meine furiosen Schritte tatsächlich beben lassen zu können, trifft mich ein Regentropfen. Und dann noch einer. Und dann lässt sich der Himmel mit seiner kalten Nässe schadenfroh an mir aus.

Ich sträube mich mit aller Kraft dagegen, den

Regen in irgendeiner Form zu genießen, da ich ja sozusagen *fuchsteufelswild* bin und es nicht zulassen will, dass so etwas Banales wie Wolkenbruch mich jetzt besänftigen kann. Dafür ist die Lage zu ernst, *diesmal wirklich*, auch wenn ich mich über den Regen in jeder anderen Situation gefreut hätte (ja, Herbstkind).

Aber nein. Heute nicht. Heute bin ich wütend.

Es ist eine Wut, die mich euphorisch macht. Die mich fast unsterblich fühlen lässt. Kurz gesagt, es ist eine Wut, bei der all meine Alarmglocken schrillen sollten. Doch die Wut ist so einnehmend und verführerisch, dass ich die Alarmglocken einfach ignoriere. Ich habe weder Zeit noch Lust, an Konsequenzen zu denken. Das war wohl das Letzte, was Trevor sich dachte, bevor er - naja, ihr wisst schon.

Als wolle der Himmel sich meiner aktuellen Gefühlslage solidarisch anpassen, prasseln jetzt dicke schwere Regentropfen auf mich herab. Auf der Suche nach einem Unterschlupf bleibt mein Blick an einem gemütlich belichteten Tattoostudio hängen.

Warum eigentlich nicht. (Das war wohl das Letzte, was - ach, ihr kennt den Rest.)

›What Goes Around.../...Comes Around‹
- Justin Timberlake

Kapitel 2: Cher

»Sind Sie sich wirklich sicher, dass Sie das möchten?«

Der Typ hinter dem Tresen beäugt mich kritisch, als wolle er einschätzen, ob ich gleich grölend auf irgendwelche versteckten Kameras zeige und »It's a prank!« schreie. Er ist von Kopf bis Fuß fast voll tätowiert, was von seinem ziemlich jungen Gesicht ablenkt, und kratzt sich unbeholfen am Kinn, als ich ihm einen giftigen Blick zuwerfe.

»Erstens, müssen Sie mich nicht Siezen, Sire, denn ich bin *maximal* eins, zwei Jahre älter als du.« Bengel. »Zweitens, wüsste ich nicht, wo das Problem liegt.«

»Naja«, wieder unbeholfenes Kinnkratzen. »Für ein erstes Tattoo entscheiden sich die meisten Leute für etwas Kleineres, Unauffälligeres.« Er überlegt einen Moment, bevor er vorsichtig hinterherschiebt: »Weniger Gehässiges.«

»Das ist nicht gehässig.«

»Haben Sie sich das auch wirklich gut überlegt?«

Ich funkele ihn böse an, woraufhin er zu stottern beginnt.

»Ich meine ja nur, naja, bist du dir wirklich sicher?« Er betont verunsichert das Du.

»Wie gesagt, ich wüsste nicht, wo das Problem liegt.«

»Gibt es hier ein Problem?« Prompt drehe ich mich kampfbereit zu der tiefen Stimme hinter mir um und bin einen kleinen Moment lang überrascht, weil dieser Mann irgendwie gar nicht an diesen Ort passt. Auf den ersten Blick scheint kein einziges Tattoo seinen Körper zu verzieren, aber was weiß ich schon. Vielleicht an irgendwelchen - wie Nana es ausdrücken würde - unchristlichen Stellen. Ob ich hier wohl auch so Fehl am Platz wirke?

Ist mir egal.

Er sieht gut aus. Mindestens einen Kopf größer als ich und riecht nach Hibiskus, Holz und Arroganz, aber davon lasse ich mich nicht beirren.

»Sagte ich bereits. Nein.«

Mr. Hibiskus-Wichtig wendet sich an Kinnkratzer-Bengel und deutet mit einem Kopfnicken auf mich, woraufhin dieser kleinlaut petzt: »Sie möchte sich *not all men, but always a man* tätowieren lassen.« Sein Blick huscht eine Millisekunde lang zu mir rüber, bevor er mich hochgehen lässt: »Über ihren Po.«

Ich würde mich nicht als Feministin bezeich-
nen, doch Hibiskus' missbilligend gerunzelte
Stirn zwingt mich, diesen Wichtigtuer trotzig
anzugrinsen. Alles, was ich daraufhin bekomme, ist ein: »Nein.«

Nur nein. Einfach nein. *Was zum?*

»Und wer bist du, bitte?«

»Bal.«

Ich bin verwirrt.

»Blöder Name.«

»Von Balthazar.«

»Noch schlimmer.«

Obwohl ich seinen Namen mit todernster Stimme und ausdrucksloser Miene beleidigt habe,
lacht er, als würde er das nicht zum ersten Mal
hören. »Wie heißt du?«

»Cher.«

»Cher wie... Cher?«

»Cher heißt mit bürgerlichem Namen Cheriyln.
Ich heiße einfach nur Cher.«

Seine Augen wandern amüsiert von meinem
Gesicht runter bis zu meinen Schuhen und wieder hoch. Dann grinst er schief und entblößt
ein Grübchen, was mir jetzt schon auf die Ner-
ven geh(en sollte)t.

»Cher. Cherry.«

Kotz. "Nenn mich nicht so.«

Aber jetzt muss ich grinsen. Kotz hoch zwei.

›Roll Wit Me‹
- Boys II Men

Kapitel 3: Bal

Merkwürdige Frau.

Aber irgendwie witzig. Auch wenn ich mir ziemlich sicher bin, dass sie nicht versucht, witzig zu sein. Sie spuckt einfach alles aus, was ihr gerade durch den Kopf geht.

Gefällt mir. Allgemein gefällt sie mir. Die Art, wie sie sich nach einem schnippischen Kommentar über meinen Namen eine lange schwarze Strähne aus dem Gesicht pustet. Die Tatsache, dass ihre Schminke durch den Regen leicht verlaufen ist, dies für sie jedoch absolut egal zu sein scheint. Wie ihre dunklen Augen stolz funkeln, als Maury mir von ihrer absolut beschissenen und definitiv zu bereuenden Tattooidee berichtet.

Und mir ist ihr Grinsen nicht entgangen, als ich den Spitznamen genannt habe, gegen den sie wahrscheinlich schon ihr ganzes Leben lang kämpft.

Sofort hat sie das süße Grinsen aus ihrem Gesicht verbannt, doch ich will es noch einmal sehen.

Ich ignoriere ihre freundliche Bitte, sie bei

ihrem vollen Vornamen zu nennen.

»Not all men, but always a man«, wiederhole ich skeptisch, während ich mich an den Tresen neben ihr anlehne. »Das mit dem Tattoo wird leider nichts. Sorry.«

Auffordernd zieht sie eine Augenbraue hoch. »My body, my choice, *Balthazar*. Schon mal gehört?«

»Ich werde nicht zulassen, dass du hier eine Entscheidung triffst, die du nachher den Rest deines Lebens bereust, Kleines.«

»Nenn mich nicht so.« Sie kämpft wieder gegen ein Grinsen, doch diesmal wehrt sie sich konsequenter dagegen.

»So oder so. Wenn du wirklich unbedingt einen Fehler begehen willst, musst du das woanders tun. Hier wird das nicht passieren.«

»Und das hast *du* zu entscheiden?« Sie stemmt angriffslustig eine Hand in die Hüfte. Das passt irgendwie zu ihr.

»Das ist mein Boss«, nuschelt Maury nun. Cher schaut kurz zu ihm rüber, dann wieder zu mir, und es wundert mich, dass sie keine schlagfertige Antwort parat hat, also frage ich: »Warum ausgerechnet dieser Spruch?«

Sie zuckt mit den Schultern. »Selbsterklärend.«

»Das ist ziemlich pauschalisierend.«

Wieder Schulterzucken.

»Ich könnte dich mit nur drei Dates davon überzeugen, dass du falschliegst, Cherry. Du würdest mir für immer dankbar sein, deinen Körper heute nicht unwiderruflich verunstaltet zu haben.« Ich werfe ihr das charmanteste Lächeln zu, das ich zustande bekomme, damit meine Worte nicht falsch ankommen. »Denn das wäre wirklich *verdammt* schade.«

Sie verschränkt ihre Arme vor der Brust und mustert mich. Versucht sich nicht anmerken zu lassen, dass ihr gefällt, was sie sieht.

Auch das gefällt mir. Wie sie mich ansieht.

Dann sagt sie etwas, womit ich einerseits gar nicht, und andererseits absolut gerechnet habe: »Weißt du was, Balthazar? Warum eigentlich nicht.«

Wieder grinst sie, und ich wünschte, ich wüsste was sie gerade denkt. Doch für den Moment weiß ich nur, dass das keine Frage war, und damit kann ich fürs Erste definitiv leben.

›Her Life‹
- Two Feet

Kapitel 4: Cher

»Sie müssen aufhören, so leichtsinnig mit Ihrer Situation umzugehen, Miss Woods.«

Ja, wirklich. Ich heiße Cher Woods. Sowas kann man sich nicht ausdenken.

»Ihre Medikation ist wichtig und hilft Ihnen insbesondere in so schwierigen Situationen, in welcher Sie sich beispielsweise aktuell befinden, emotional stabil zu bleiben. Sie können nicht einfach aufhören, Ihre Medikamente zu nehmen, nur weil sie dann nichts mehr *fühlen*, wie sie es gewohnt sind. Tatsächlich geht es ja genau *darum*.«

Mrs. Brown betont *fühlen* und *darum* auf diese eine Art, bei der ich all meinen Anstand zusammenraufen muss, um nicht entnervt die Augen zu verrollen und laut zu seufzen. Sie ist meine sechste Therapeutin in vier Jahren und so ziemlich das therapeutische Äquivalent zu Trevor, da es vorher kein Dr. Gaga-im-Kopf so lange mit mir ausgehalten hat wie sie. Ich weiß, dass sie mir helfen will, aber sie versteht mich leider nicht, weswegen ich heute umso weniger Freude daran habe, ihr zu erzählen, wie enttäuschend mein Leben beizeiten läuft.

Was sie natürlich bemerkt, weil sie im Grunde eine ganz-ok Therapeutin ist.

»Wie läuft es denn in Ihrem Job?«

Ich hasse meinen Job.

»Ganz ok.« So wie Sie. Das sage ich ihr so natürlich nicht. Denn ich will ihre Gefühle nicht verletzen.

Ha, Mom. So viel zum Thema empathielose Impulsivität.

»Haben Sie den Artikel fertigstellen können, von dem Sie sagten, dass sie allein bei dem Gedanken daran, in Ihren Worten, *im Strahl kotzen* könnten?«

Jetzt versucht sie die Stimmung aufzulockern. Ich kenne diese Tricks. Die lassen mich aber auch nicht vergessen, was ich für den »Ab wann ist es okay, sein Kind bei Verdacht auf Masturbationssucht anzusprechen?«-Artikel recherchieren musste.

»Ja. Jerry war beeindruckt. So sehr, wie man über so einen Artikel eben beeindruckt sein kann.«

»Also läuft es mit ihm nun etwas besser?«

Jerry ist unser Chefredakteur und ein Arschloch. Ich habe wegen des Artikels vier Tage lang nicht schlafen können, unironisch.

Also, ja - ich war wirklich vier Tage lang wach

gewesen. Es lag zwar nicht unbedingt ausschließlich am Artikel, aber dennoch.

Als könnte sie meine Gedanken lesen, fragt Mrs. Brown: »Wie sieht es mit Ihrem Schlaf aus?«

Bla bla.

Ich habe keine Lust mehr auf dieses Gespräch. Im Geiste bin ich schon beim Date mit Bal*thazar*. Er hat mich in ein schickes Restaurant eingeladen und ich habe einen Bärenhunger. Gedanklich gehe ich schon die Speisekarte durch, die ich vor meiner Therapiesitzung gegoogelt habe. Mrs. Brown verblasst währenddessen zu einem belanglosen Hintergrundgeräusch, mal wieder predigend, wie wichtig meine Medikamente seien, ich dringend auf Anzeichen von etwaigen Episoden achten solle und endlich verantwortungsbewusster mit der Diagnose *Bipolare Störung* umgehen müsse.

Bla bla.

Hier haben Sie Ihr Anzeichen, Mrs. Brown, aber ich habe *wirklich* einen *Bärenhunger,* und ein zauberhafter Adonis-Nachtisch mit Hibiskusnote wartet in einem schicken Restaurant auf mich.

›Catch Me Outside‹
- B Young

Kapitel 5: Bal

Keine Ahnung, wann ich das letzte Mal so aufgeregt war, eine Frau zu treffen.

Seit ich mich vorletztes Jahr von Mia getrennt habe - sie war einfach nicht die *Eine* - hatte ich so viele Dates, dass ich irgendwann aufgehört habe zu zählen. Ich war seitdem auch gar nicht mehr auf der Suche nach *der Einen*. Ich habe es nie so weit kommen lassen, dass eine Frau annehmen konnte, dass sich etwas Ernsteres zwischen uns ergeben könnte.

Nicht, nachdem ich Mia so verletzt habe.

Wir waren seit der Mittelstufe ein Paar gewesen und haben praktisch unsere ganze Jugend miteinander verbracht.

Oder wie sie es wohl bis heute sagen würde: Ich habe viele ihrer Jahre verschwendet. Sie hatte eher mit einer Verlobung als mit einer Trennung gerechnet. Doch ich konnte das einfach nicht. Ich konnte das weder mir, noch ihr antun.

Was mich wieder zu dem Punkt bringt, dass ich unerwartet nervös vor dem Restaurant herumstehe und mich zum dutzendsten Mal frage, ob

Cher vielleicht doch noch einen Rückzieher macht.

Ich hatte ihr angeboten, sie von zu Hause abzuholen, so, wie es sich für einen Gentleman gehört.

Dad hat sich als alleinerziehender Vater mit zwei Jobs und dem ständigen emotionalen und gesellschaftlichen Druck, einem Sohn niemals die Mutter ersetzen zu können, immer bemüht, für mich da zu sein. Mich so zu erziehen, dass aus mir eines Tages ein Mann werden würde, auf den er stolz sein kann. Und er hat gute Arbeit geleistet. Ich hätte Cher nämlich abgeholt, egal von wo, doch sie hatte fest darauf bestanden, selbst herzukommen.

Vielleicht ist das so ein not-all-men-but-always-a-man-Feminismus-ich-kann-das-selber-Ding.

Vielleicht wollte sie mir aber auch nicht gleich ihre Adresse nennen und hat mein Angebot daher so abgelehnt, dass ich es nicht undankbar oder unhöflich auffassen würde. Was ich selbstverständlich so oder so nicht getan hätte.

Ich verrenne mich wieder in Gedanken, was mich noch einmal daran erinnert, wie angespannt ich bin. Das sieht von außen betrachtet garantiert maximal unmännlich aus, aber es liegt nicht in meiner Hand. Mich hat's erwischt. Vielleicht irre ich mich auch und wir wollen nach diesem Abend nie wieder etwas voneinander hören, doch irgendetwas sagt mir, dass das nicht der Fall sein wird.

Cher ist interessant.

Wirklich interessant.

Und ich hatte viel zu lange keine wirklich interessanten Gespräche mit wirklich interessanten Menschen mehr.

Ich werfe einen Blick auf mein Handy, um sicherzugehen, dass keine enttäuschende Nachricht reingekommen ist, als Cher plötzlich vor mir steht und mit ihren Fingern unkoordiniert auf meinem Display herumtippt.

»Ich hoffe, dass das nicht so ein langweiliger Abend wird, an dem du nur am Handy hängst.«

Sie grinst mich an und die ganze Nervösität fällt mit einem Mal von mir ab.

»Schickes Restaurant übrigens. Hab's gegoogelt. Ich musste es *googlen*. Subtile Methode um zuzugeben, dass du nicht kochen kannst.«

Ich muss lachen, denn ich hatte recht: Sie spuckt wirklich einfach aus, was ihr gerade durch den Kopf geht.

*›Just the Two of Us‹
- Grover Washington, Jr., Bill
Withers*

Kapitel 6: Bal

Ich kann verstehen, dass ich so nervös war.

Cher ist der Typ Frau, der Männer eben nervös macht.

Wären wir zu Schulzeiten in einer Klasse gewesen, wäre ich extrem verunsichert und jahrelang heimlich in sie verknallt gewesen, während sie meine Existenz nicht einmal wahrgenommen hätte.

Aber heute ist das anders.

Seit wir am Tisch sitzen, erzählt sie am laufenden Band. Von ihren beiden Hunden aus ihrer Kindheit, von ihrem Bruder Collin, von einer Brieffreundschaft mit einem Insassen des Pentonville Gefängnisses (die sie schon seit 4 Jahren aufrecht erhalten und über die sie sehr glücklich ist), von irgendeinem Jerry-Arschloch und von Jugendlichen mit Masturbationssucht. Ihre Gedankengänge scheinen sich zu überschlagen, und sie erzählt jede Geschichte so, als hätte sich das Ganze erst vor fünf Minuten abgespielt. Sie ist eine Frau, die immer mittendrin ist, nicht nur dabei.

Und sie flirtet. Viel.

Sie schenkt mir immer wieder das süße Lächeln, an das ich seit dem Tag, an dem sie klitschnass in meinem Studio aufgetaucht ist, öfter denken muss, als ich mir eingestehen will. Sie berührt hin und wieder meine Hand, während sie über Gott und die Welt und die menschenunwürdigen Verhältnisse in Großbritanniens Gefängnissen spricht.

Sie mustert mich und gibt mir diese Blicke, die mir verraten, dass ihr gefällt, was sie sieht, ohne forsch oder penetrant zu wirken.

Auch an diese Blicke muss ich seit unserem Treffen im Studio so oft denken, dass es zu peinlich wäre, um es irgendjemandem zu erzählen. Und mit dieser Cher, diesem Abend und dieser Situation gehe ich professioneller um, als mein nerdiges Schulzeiten-Ich es jemals gekonnt hätte. Zum Glück. Es wäre besorgniserregend, wenn nicht.

Als ein Kellner kommt, um unsere Bestellung aufzunehmen, wirft sie einen letzten prüfenden Blick in die Karte, schlägt sie entschlossen zu und sagt: »Yes.«

Der verwirrte Mann schaut mit gerunzelter Stirn zwischen uns beiden hin und her, doch ich bin ebenso fraglos wie er.

Cher bricht die peinliche Stille, die ihr überhaupt nicht peinlich zu sein scheint.

»Yes«, wiederholt sie. »Einfach: Ja. Bringen Sie mir irgendwas, von dem sie denken, es könnte zu mir passen. Toben Sie sich aus. *Überraschen Sie mich.*« Sie wackelt geheimnisvoll mit den Augenbrauen.

Als der Kellner endlich akzeptiert, dass es sich dabei nicht um einen Scherz handelt, wendet er seinen Blick hilfesuchend an mich, um meine Bestellung aufzunehmen, doch ich finde Chers Gedanken in diesem Moment so entzückend (ich habe gerade etwas als *entzückend* empfunden), dass ich es ihr gleichmache und irgendetwas bestelle, das *zu mir passen* könnte.

Nachdem er uns die Speisekarten abgenommen und sich scheinbar planlos auf den Weg in die Küche gemacht hat, stützt Cher ihre Ellenbogen auf den Tisch, legt ihr Gesicht in ihre Hände und fragt: »Also, erzähl mal, *Bal*, wieso ein Tattoostudio?«, ohne ein weiteres Wort über unsere Bestellung zu verlieren. Als sei es das Normalste auf der Welt.

›*LOYALTY. FEAT. RIHANNA*‹
- Kendrick Lamar, Rihanna

Kapitel 7: Cher

Fast jeder Mensch, dem ich erzähle, dass Chers Songs mich einfach nicht *abholen*, ist automatisch enttäuscht.

Die wenigsten können sich mit dem Gedanken anfreunden, dass sich meine Eltern bei meiner Namensfindung einfach nur ein bisschen zu sehr von ihrem Shoop Shoop Song haben mitreißen lassen. Anmerkung der Redaktion: Das ist *nicht meine* Schuld.

Daher dröhnt gerade Kendrick Lamar in voller Lautstärke durch meine kleine Wohnung, damit der Bass mich unter der Dusche auch erreichen kann. Ich weiß nicht, ob meine Nachbarn so ganz d'accord damit sind. Ich denke eher nicht. Sie gehen mir grundsätzlich aus dem Weg, aber für mich ist das okay, solange mich keine Abmahnung durch die Hausverwaltung erreicht.

Als ich aus der Dusche komme, ist es halb zwölf mittags.

Auf der Arbeit habe ich mich heute krank gemeldet, weil ich - salopp gesagt - keinen Bock auf Jerry und seine neuen unzumutbaren »Rechercheaufträge« habe. Die Gänsefüßchen sind an dieser Stelle übrigens mehr als angebracht.

Ich will es mir gerade mit einer Tüte Hot Cheetos und Eiskaffee auf dem Sofa gemütlich machen, als mein Handy summt. Eine Nachricht von Bal erscheint auf meinem Display: **Vermutlich kommt es ziemlich uncool, dass ich dir nach nicht einmal 12 Stunden schreibe, aber ich hatte gestern echt viel Spaß mit dir, Cherry**

Cherry. Mir stellen sich die Nackenhaare auf, wenn ich so genannt werde.

Aber bei Bal ist es irgendwie anders.

Trevor habe ich nach vier Monaten Beziehung mit der Trennung gedroht, als er mich Cherry genannt hatte, worüber er träge gelacht und es als Witz aufgenommen hatte. Ich meinte es todernst und rückblickend hätte ich mir gewünscht, dass er sich dessen nicht unterbewusst im Klaren gewesen wäre. Dann hätten wir unser zum Scheitern verurteiltes Projekt nämlich eher abbrechen können.

Während ich jetzt dümmlich mein Handy angrinse und Bals Nachricht noch einmal lese, fühle ich mich jedoch wie eine peinlich verknallte Teenagerin.

Wir hatten wirklich viel Spaß, aber nicht so, wie ich es ursprünglich geplant hatte. Ich habe wirklich alle Register gezogen und geflirtet, was das Zeug hält.

Nach dem Restaurant waren wir in einem Irish Pub, doch als er mich gegen zwei Uhr morgens zu Hause abgesetzt hat, machte er keine Anstalten, mit hoch zu kommen. Er gab mir zum Abschied einen Kuss auf die Stirn (!?) und zog von dannen. In dem Moment war ich mir ziemlich sicher gewesen, dass er unser Drei-Dates-Experiment nicht durchziehen würde. Mein Ego war entsprechend im Keller.

Gerade als ich mir seine Nachricht ein drittes Mal durchlesen will, erscheint eine weitere SMS.

Kurz macht meinen Herz einen Sprung: **Komm doch heute bitte mal vorbei. Wir haben uns lange nicht mehr unterhalten. Hab dich lieb, bis später.**

Die Nachricht ist von Mom.

Und sie duldet kein Wenn und Aber.

Das kann erfahrungsgemäß nichts Gutes bedeuten.

Seufzend lasse ich mich aufs Sofa plumpsen und die Hot Cheetos sind keine zehn Minuten später komplett vernichtet.

›Independent Women, Pt. 1‹
- Destiny's Child

Kapitel 8: Cher

Ich. Hasse. Es.

Man sollte meinen, dass Eltern ihre Kinder irgendwann einmal loslassen, damit sie ihr eigenes Leben leben. Amseln schmeißen ihre Jungvögel nach etwa dreißig Tagen aus dem Nest, dann geht das echte Leben los. Aber wir sind nun mal keine Vögel.

Und deswegen sitze ich hier, sechsundzwanzig Jahre alt, auf der Terrasse meiner Eltern und höre mir an, wie besorgt sie sind, dass ich mir »mal wieder selbst im Weg stehe und mir meine ganze Zukunft verbaue.«

Amal, dieser Penner.

Amal ist der Verlobte meines Bruders. Eigentlich ist er eine ganz super tolle Person, aber leider arbeiten wir beide bei der gleichen Lokalzeitung (ich habe ihn mit Collin bekannt gemacht und *das* ist also der Dank dafür) und er nimmt es - auf stets verleugnete Anweisung meiner Eltern - ein wenig zu ernst mit seiner Fürsorgepflicht in Sachen Chaos-Cher. Meine heutige Krankmeldung im Büro in Kombination mit meiner Insta-Story aus dem Irish Pub letzter Nacht haben Amal wohl hellhörig werden lassen. Also hat Schwiegermamas Liebling sofort gehandelt.

Natürlich hat er das.

»Hörst du mir überhaupt zu, Kind?«

Ich habe vor zwanzig Minuten damit aufgehört.

»Ja, Mom.«

»Wir wollen einfach nur nicht, dass wieder dasselbe passiert wie letztes Mal, Schatz. Wir meinen es nicht böse.«

»Das weiß ich, Mom.«

Kurze Stille, dann: »Und?« Sie sieht mich aus ihren großen Augen an, doch ich habe dem nichts hinzuzufügen. Wir drehen uns im Kreis. Sie machen sich Sorgen, ich mache es sowieso genau so, wie ich es für richtig halte, und am Ende geht es schon irgendwie gut. Immerhin bin ich noch am Leben, habe ein Dach über dem Kopf, und einen Job, mit dem ich zumindest über die Runden komme.

»Mach das Thema jetzt zu, Ava.« Dad erhebt sich geräuschvoll aus seinem Sessel und bewegt sich in Richtung Verandatür, während er noch murmelt: »Das wird doch ohnehin nichts ändern.«

Diese Worte bringen Mom wiederum dazu, das Thema erst recht nicht zu beenden.

»Wie lange soll das denn noch so weitergehen,

Jared? Sie ist unberechenbar!« Sie wirft mir einen entschuldigenden Blick zu. Ich weiß, dass die Sorge aus ihr spricht.

Und eigentlich hat sie Recht. »Das letzte Mal« habe ich während einer manischen Episode über zwei Wochen lang nichts von mir hören lassen, meinen geliebten Job bei einem Fernsehsender verloren, ein Auto gekauft (und zum Spottpreis wieder verkauft) und fast »die Liebe meines Lebens« während eines Wochenendes in Barcelona geheiratet. Dann kam Trevor und alles wurde *normal*.

Meine Eltern haben nun doch aufgegeben und planen jetzt, was sie zum Abendessen vorbereiten wollen.

Ich habe andere Pläne und schicke Bal eine Nachricht: **Hab Hunger. Kochst du mir was? Nach Ladenschluss? Gegen 8? Schick mir deine Adresse**

Er lässt nicht lange auf eine Nachricht warten, und ich finde das sogar *richtig* cool.

Er schreibt: **YES** und dann seine Adresse.

Meine Eltern finden mein Grinsen beunruhigend, ich merke es, aber das Thema ist bereits zu.

Ich bin zurzeit einfach nur viel beschäftigt und habe Spaß. Kein Grund zur Sorge.

›*Go There With You*‹
- *Victoria Monét*

Kapitel 9: Cher

Ich weiß nicht, was ich erwartet hatte, aber sicherlich nicht *das*.

Von der Tatsache, dass die Adresse, die Bal mir geschickt hatte, in West Brompton liegt, habe ich mich zunächst nicht weiter verunsichern lassen.

Mir war schon im überteuerten Restaurant - ich hatte übrigens Kobe Steak mit Soja-Zitrus-Sauße und regionalem Gemüse - die Vermutung gekommen, dass Bal finanziell ganz gut aufgestellt ist. Als er mich in seinem ebenso überteuerten Mercedes Neuwagen nach dem Pub zu Hause absetzte, wurde aus der Vermutung eine ziemliche Sicherheit. Die ziemliche Sicherheit wurde spätestens dann zur bewiesenen Realität, als ich vor der aufwendig verzierten Außenfassade seines Reihenhauses stand.

Aber das ist es nicht, was ich nicht erwartet hatte. Es ist vielmehr das, was sich *in* diesem Haus darbietet.

Als Bal mir die Tür um zwanzig nach acht geöffnet hatte (Pünktlichkeit: Fehlanzeige), kam mir bereits der Geruch von irgendetwas Leckerem entgegen. Er gab mir einen Kuss auf die Stirn (?!?!), nahm mir meine Jacke ab und sagte mir, ich solle mich wie Zuhause fühlen, um dann wieder in der Küche zu verschwinden.

Seitdem wandere ich durch das Erdgeschoss und inspiziere alles genau, womit ich so gar nicht im Refugium des Balthazar Hibiskus gerechnet hätte.

Das Wohnzimmer ist groß und von der hohen Decke hängen gemütliche Hängeleuchten herab. Er besitzt eine riesige Couch, die für eine einzige Person viel zu gigantisch ist, mit unzähligen Kissen. Sein Tattoostudio ist hochmodern und professionell, aber es ist eben ein *Tattoostudio*. Seine eigenen vier Wände hingegen sind viel persönlicher, irgendwie intimer, und damit hatte ich eben nicht gerechnet. Was, wenn ich darüber nachdenke, ganz schön oberflächlich von mir ist.

Bal ist witzig (wahnsinnig gutaussehend) und charmant, aber ich hatte ihn nicht als den Typ Menschen eingeschätzt, bei dem sein Zuhause buchstäblich sein *Ich* widerspiegelt. Ich würde nicht sagen, dass es hier unordentlich ist - es wirkt eher wie ein systematisch organisiertes Chaos, dessen Charme man erst würdigen kann, wenn man ganz genau hinsieht. Er besitzt dutzende Figuren und Skulpturen von Pinguinen, kleine und große, schlichte und abstrakte, bunte und einfarbige. Der Gedanke daran, dass dieser große, unverwüstliche Mann eine Schwäche für Pinguine zu haben scheint, lässt mich schmunzeln. Ich finde das süß.

Doch am meisten beeindrucken mich die vielen Gemälde, die seine Wände zieren und fast keinen freien Blick auf das Raufaser zulassen. Sie sagen so viel aus, wenn man ihnen zuhört. Und sie sind wunderschön. Unwillkürlich frage ich mich, wie Bal *so* wohlhabend sein kann, sein ganzes Haus mit vermutlich unsagbar teurer Kunst auszustatten.

Jetzt stehe ich vor einem kunterbunten Gemälde, das fast so groß ist wie ich, und eine Pinguinmama mit ihrem Baby zeigt. All die Farben, und trotzdem wirkt es irgendwie traurig. Ich lächle, als ich mich frage, was Bal wohl fühlt, wenn er sich das Bild ansieht.

Gerade als ich mit meinen Fingern vorsichtig über die Acrylleinwand streiche, bemerke ich, wie Bal sich nähert. Ich wende meinen Blick nicht ab, als er von hinten seine Arme um mich schlingt. So stehen wir kurz da, bis er schweigend meine Hand ergreift und mich wortlos lächelnd zum (für eine einzige Person viel zu großen) Esszimmer führt.

›Deep‹
- Summer Walker

Kapitel 10: Cher

Ich schiebe mir eine volle Gabel mit köstlicher Lasagne in den Mund.

Heute gebe ich mir Mühe, möglichst ladylike aufzutreten, also kaue und schlucke ich erst, bevor ich frage: »Was hat es mit den ganzen Pinguinen eigentlich auf sich?«

Als er grinst, erscheint wieder sein Grübchen, das ich heute hoffentlich noch von Näherem betrachten kann.

»Ich mag Pinguine.«

»Und ich mag Elefanten. Trotzdem stehen in meiner Wohnung nicht viertausend davon herum.«

Er lacht. "Warum magst du Elefanten?«

»Sie sind mitfühlend und klug und sozial. Dumbo ist mein Lieblingsfilm«, antworte ich ehrlich.

Wieder lacht er, amüsiert über meine Antwort, also frage ich: "Was?«, bevor ich das letzte Stück Lasagne in meinem Mund verschwinden lasse.

»Das ist ein Kinderfilm.«

»Das ist mir egal. Wieso magst du Pinguine?«

Er deutet fragend auf meinen Teller, woraufhin

ich mit dem Kopf schüttele. Als er sich erhebt, um meinen Teller abzuräumen, fragt er: »Wusstest du, dass Pinguinväter beim Brüten der Eier für ihre Babys Melodien summen?«

Wieder schüttele ich mit dem Kopf.

»Sie summen eigene Melodien, nur für die Eier, die sie brüten, und wenn die Kleinen schlüpfen, summen die Väter weiter, sodass ihre Babys durch diese Melodie immer wieder zu ihm zurückfinden.«

Das wusste ich nicht.

Und mit so einer Begründung von Bal habe ich nicht gerechnet. Mal wieder. Ich fühle mich dumbo-doof.

Er räumt den Rest vom Esstisch und kommt mit zwei Weingläsern und Rotwein zurück.

»Mir gefällt der Gedanke, dass sie zu ihren Kindern eine Verbindung aufbauen, bevor sie überhaupt tatsächlich *da* sind. Und wenn sie dann geschlüpft sind, bleiben sie an ihrer Seite. Zeigen ihnen den Weg, und wo sie hingehören. Zu *wem* sie gehören.«

Ich weiß nicht, wie ich damit umgehen soll, dass Bal sich gerade auf eine besondere Art verletzlicher macht, als ich bei der Ablaufplanung unserer heutigen Nacht einkalkuliert hatte. Also gehe ich damit so um, wie ich immer mit Situationen umgehe, bei denen ich nicht weiß, wie ich mit ihnen umgehen soll. Ich scherze.

»Die Pinguinmama bringt die Eier schmerzhaft auf die Welt, aber der Pinguinpapa ist der Held, nur weil er seinen Babys etwas vorsingt. Die Mama wird in dieser Geschichte nicht genug gewürdigt, wenn du mich fragst«, sage ich lachend, doch Bal bringt nur ein erzwungenes Lächeln zustande.

»Die Mama verschwindet nach dem Brüten, um sich zu stärken.«

»Sie ist trotzdem die Mama.«

»Sie ist die Eierlegerin. Das macht sie noch lange nicht zur Mama«, antwortet er, und ich merke, dass ich mit jeder weiteren Aussage Salz in eine Wunde streuen würde, die ich noch nicht kenne.

Also nicke ich nur kurz und frage dann: »Wollen wir die Party auf deine lächerlich monströse Couch verlegen?«

Er grinst. Grübchen. »Nichts lieber als das.«

›Could've Been‹
- H.E.R., Bryson Tiller

Kapitel 11: Bal

Cher sitzt seitlich an die Couch gelehnt, ihre Beine entspannt über meinen gekreuzt. In der einen Hand ihr Glas, in der anderen spielt sie lässig an ihrem Zopf herum. Seit etwa einer dreiviertel Stunde erzählt sie alles, was ihr so durch den Kopf geht. Inzwischen sind wir beim dritten Glas Rotwein angekommen und entsprechend beschwipst. Gerade hat sie vom Familienurlaub in Portugal erzählt, als sie elf Jahre alt war und bei einem Ausflug zum Castelo dos Mourus so einen unglücklichen Stolpersturz hingelegt hat, der bis heute als der »Delfin« berühmt ist.

»Ernsthaft, ich bin bestimmt zehn Sekunden lang gefallen. Ich habe zehn Sekunden lang *gekämpft*, Bal«, lacht sie. Ich will nicht darüber lachen, dass sie sich verletzt hat, aber so wie sie es erzählt, klingt es wirklich witzig. »Weißt du, wie lang zehn Sekunden sind, wenn man versucht, sein Gleichgewicht wiederzugewinnen? Ich habe dann einfach aufgegeben. Hab mich einfach fallen lassen.«

Jetzt kann auch ich mich nicht mehr halten.

»Und wieso Delfin?«, frage ich, als ich es schaffe, mich halbwegs wieder zusammenzureißen.

»Collin meint, es hätte ausgesehen wie bei einem Delfin, der ein Kunststück aufführt und sich dann ins Wasser plumpsen lässt.«

Sie tupft sich mit dem Ärmel ihrer Bluse eine Lachträne vom Augenwinkel und nimmt einen weiteren Schluck Rotwein. Wir sitzen einfach da und lassen die Nachwellen unseres Lachanfalls ausklingen. Es ist eine angenehme Stille zwischen uns. Keine unbehagliche, in der niemand weiß, was jetzt gesagt werden muss.

Nach einer Weile sagt sie zusammenhanglos: »Ich habe sie echt nicht verdient«, als würde sie auf einen Gedanken in ihrem Kopf antworten.

Ich sehe sie aufmerksam an, fragend, und warte geduldig, dass sie ihre Gedanken weiter mit mir teilt. Sie wirkt plötzlich traurig, als würden ihr unglückliche Erinnerungen durch den Kopf spuken.

»Meine Familie. Mom. Dad. Eigentlich alle.«

»Denk so etwas nicht, Cher«, ist das einzige, was ich antworten kann, denn ich weiß nicht, was sie zu dieser Annahme bringt.

Ich weiß nur, dass diese Frau die Welt verdient. Wirklich.

Sie sieht mich an, nickt kaum merklich, und wendet sich wieder dem Glas in ihrer Hand zu.

Also beschließe ich, das Thema zu wechseln.

»Kann ich dich etwas fragen?«

Wieder nickt sie, dieses Mal mit einem warmen Lächeln auf den Lippen.

»Wieso ausgerechnet *das* Tattoo?«

Jetzt wird das Lächeln in ihrem Gesicht breiter.

»Sagte ich doch. Selbsterklärend.« Das war ihre Antwort im Studio, aber mit dieser Antwort gebe ich mich hier und jetzt nicht zufrieden, also warte ich aufmerksam, bis sie weiter spricht.

Fast wünsche ich mir, ich hätte nicht gefragt, denn sie erzählt mir im nächsten Atemzug von ihrem Ex, der sie mit seiner Praktikantin betrogen hat, und von ihrem anderen Ex, der sie mit ihrer ehemaligen besten Freundin betrogen hat, und von einem anderen Ex, der ihren Shiba Inu Welpen verkaufen wollte, um sich Tickets für ein Manchester United Spiel leisten zu können. Doch sie lacht, während sie spricht. Es ist kein Lachen, um Emotionen zu überspielen.

Das *ist* die Emotion. Lachen.

Sie beendet ihre Anekdoten mit einem kurzen: »Schwamm drüber«, und ich kann nicht anders, als sie zu küssen.

›Butterscotch‹
- Robotaki, Jamie Fine, falcxne

Kapitel 12: Bal

Endlich.

Sie schmeckt nach Rotwein und Lasagne und Cher, und ich kriege nicht genug von ihr. So schmeckt also Cher. Ich weiß jetzt, wie sie *schmeckt*.

Seit sie im Studio angriffslustig die Hand in ihre Hüfte gestemmt und mich herausfordernd angeblitzt hat, wollte ich es wissen. Und es hat mich meine gesamte Kraft gekostet, es nicht herauszufinden. Dass sie mir ständig signalisiert hat, dass auch sie sich fragt, wie ich schmecke, hat das Ganze etwa eine Million mal schwerer gemacht, doch das war es mir wert.

Bis jetzt.

Jetzt nehme ich ihr das Weinglas aus ihrer Hand, um es am Couchtisch abzustellen. Als unsere Lippen sich kurz voneinander trennen, gibt sie einen enttäuschten Seufzer von sich, der mich wahnsinnig macht. Im nächsten Augenblick legt sie ihre Hände um mein Gesicht, und als sie ein Bein über meinen Schoß schlängelt, um sich auf mich zu setzen und mich gegen die Sofalehne zu drücken, umfasse ich ungeduldig ihre Taille. Ich befürchte, dass wir uns gleich im Moment verlieren werden, als ich meine Hände über ihre Hüften zu ihrem Po wandern lasse und sie leise an meinem Mund aufstöhnt. *Wenn ich es jetzt nicht schaffe, mich zu kontrollieren.* Als würde sie erahnen, dass ich innerlich mit mir kämpfe, drückt sie ihren Hintern fester auf meinen Schoß. Fuck. Es war und ist nicht meine Absicht, mit Cher zu schlafen. Jedenfalls nicht heute Nacht. Das war von Anfang an nicht meine Intention. Zumindest nicht meine einzige - ganz unabhängig von unserem Experiment mit den drei Dates. Spätestens seit der Geschichte mit dem Delfin bin ich mir sicher, dass es mir hier nicht mehr nur darum geht, sie von irgendetwas zu überzeugen. Oder mich. Ich möchte sie wirklich kennenlernen, und ich möchte, dass wir uns dabei Zeit lassen.

Gerade als ich versuchen will, die hitzige Situation etwas abzukühlen, scheint Cher zu merken, wie *hitzig* der Fakt für mich ist, dass sie sich bedächtig auf meinem Schoß an mich schmiegt und an meinem Mund leise Laute von sich gibt, die mich um den Verstand bringen. Mit einer schnellen Bewegung zieht sie mein Shirt über meinen Kopf und lässt ihre Finger vorsichtig über meine Brust gleiten.

»Keine Tattoos«, murmelt sie, mehr zu sich

selbst als zu mir.

Ihre Hand wandert zum Bund meiner Jeans, doch als sie den Knopf erreicht, der uns beide einen Schritt weiter zur Erlösung führen könnte, stoppe ich sie

»Nicht jetzt. Nicht so, Cherry«, sage ich erstickt, und hasse mich selbst dafür schon in der gleichen Sekunde.

Zu meiner Verwunderung leistet sie keinen Widerstand. Ihrer Miene ist die Enttäuschung zwar deutlich anzusehen, doch sie legt ihre Hände wieder auf meine Brust, ohne den Blick von ihren Fingern abzuwenden. Mit meinem Zeigefinger hebe ich sanft ihr Kinn an, damit sie mich ansieht.

»Wir haben alle Zeit der Welt, Cher«, sage ich leise.

Sie nickt, doch ich kann sie nicht einschätzen, bis sie mir einen kleinen Kuss auf die Lippen drückt, von meinem Schoß steigt und nach der Fernbedienug greift. Sie legt sich auf die Couch, ihren Kopf auf meinem Schoß (was es nicht wirklich viel besser macht) und sagt, wieder ohne mich anzusehen: »Ich will Dumbo schauen.«

Ich muss lachen, doch diesmal bin ich es, der keinen Widerstand leistet.

›Snooze‹
- SZA

Kapitel 13: Cher

Ich blinzle genervt, als könnte ich damit die Sonnenstrahlen verscheuchen, die mich aus dem Schlaf gerissen haben.

Bals Arm liegt schwer auf meiner Hüfte, und mein Kopf liegt schwer auf seinem anderen Arm. Seine leisen, regelmäßigen Atemzüge verraten mir, dass er noch schläft. Vorsichtig hieve ich mich von der Couch und schalte den Fernseher aus. Ich weiß noch, dass wir Dumbo geschaut haben, habe aber keine Ahnung, wie der Horrorfilm ausgegangen ist, den ich danach ausgesucht und dafür ein tiefes Seufzen von Bal geerntet hatte.

Leise schleiche ich zum Esszimmer, wo mein Handy auf dem Tisch liegt. Neun Uhr zweiundzwanzig, vier verpasste Anrufe von Jerry.

Hervorragend.

Bal hat mir gestern erzählt, dass das Studio donnerstags geschlossen bleibt, daher bringe ich es nicht übers Herz, ihn zu wecken. Ja, ja, alle Menschen sehen friedlich aus, wenn sie schlafen, aber bei Bal ist es ungefähr zwanzig mal friedlicher. Und süßer. Ich schüttele meinen Kopf, als könnte ich diese Gedanken damit verjagen. Ich befürchte, dass er mich tatsächlich davon überzeugen könnte. Dass nicht alle Männer aus dem einzigen Grund auf diese Erde geschickt wurden, um mir das Leben schwer zu machen. Ich bin mir nicht sicher, ob mir das gefällt.

Bisher war es immer das Einfachste, Männern die Schuld für mein Leid zu geben - zu meiner Verteidigung war das ja auch schon oft genug der Fall. Bei Bal befürchte ich, dass ich diejenige sein könnte, die sein Leben durcheinander bringt. Könnte es sein, dass er einer von den wenigen »Guten« ist, über die immer alle sprechen?

Ich gebe ihm einen flüchtigen Kuss auf die Stirn (ha!), damit er nicht wach wird, und entdecke einen kleinen Zettel auf dem Tisch. Als ich ihn lese, muss ich breit grinsen und greife zu dem Stift daneben, kritzele etwas drauf und verschwinde leise durch die Haustür. Den Zettel muss er geschrieben haben, als ich schon eingeschlafen war.

Als wir uns gestern Dumbo angesehen haben, fragte er aus dem Nichts: »Warum warst du überrascht, keine Tattoos auf meinem Oberkörper zu finden?«

Mein Kopf lag in seinem Schoß, sein *Problem* in

der Hose hatte sich bereits beruhigt, und ich schaute ihn grinsend an.

»Hast du denn woanders Tattoos?«

»Das wirst du schon noch herausfinden.«

»Wenn du nicht vorhast, mir sofort eine Erkundungstour deines lächerlich perfekten Körpers zu gewähren, antwortest du besser.«

Er gab sich lächelnd geschlagen. »Nein.«

»Warum nicht?«

»Weil es noch nichts gab, was es wert war, auf meinem lächerlich perfekten Körper verewigt zu werden«, sagte er, und ich berührte dabei sein Grübchen. Er hinterfragte es nicht, sondern sprach weiter. »Ich tätowiere gerne. Male gerne. Zeichne. Ich verewige Momente, aber nur, wenn sie keine Hassrede beinhalten«, deutete er zwinkernd meinen Tattoowunsch an, der bereits Geschichte war. Aber das sagte ich ihm natürlich nicht.

»Sind diese Bilder hier von dir?«

»Ja.« Wow.

»Auch das bunte Bild mit der Pinguinmama mit ihrem Kleinen?«

»Auch das.«

Ich überlegte. »Ich finde das Bild traurig«, sagte ich.

»Ich auch«, antwortete er.

›Ditch‹
- Empara Mi

Kapitel 14: Cher

Als ich aus dem Augenwinkel bemerke, dass mein Handy stumm aufleuchtet, fängt mein Herz wie wild an zu rasen und ich drehe es blitzartig mit dem Bildschirm nach unten auf das Bett. Die Vibrationsfunktion habe ich schon lange ausgeschaltet.

Ich ertrage es nicht, zu sehen, welche Zeilen mich dieses Mal erwarten könnten.

In den letzten Wochen hat mich jeder Anruf und jede Nachricht, die ich empfangen habe, immer weiter in ein tiefes Loch gezogen. Außer sie waren von Bal, doch das beunruhigte mich nur noch mehr.

Inzwischen hat sich das tiefe Loch in mein verkommenes Kubikel verwandelt. Mit zugezogenenen Gardinen, die keinen einzigen Sonnenstrahl durchlassen, und geschlossenen Fenstern, die mir die frische Luft verweigern, die ich ohnehin nicht atmen könnte.

Die Nachricht könnte von Bal sein. Es könnte sogar ein verpasster Anruf von ihm sein. Diese Versuche häufen sich, seit ich ihn das letzte Mal gesehen habe, als er vor über drei Wochen für mich gekocht hat. Bei dem Gedanken an ihn und an seine Lasagne will ich heulen, und als ich an die ganzen leeren Pizzakartons denke, die ich sehen würde, wenn ich Licht in diese Verwahrlosung eines Schlafzimmers lassen würde, fange ich wirklich an, mit meinen Tränen zu kämpfen.

Ja, ich vermisse ihn. Aber ich kann ihn nicht *zulassen*.

Und noch weniger kann den Blick auf mein Handy riskieren.

Zu groß ist die Angst, wieder neunzehn verpasste Anrufe von Mom zu sehen, weil sie krank ist vor Sorge.

Zu gewaltig ist die Wut, noch eine einzige Bitte-verzeih-mir-ich-war-ein-Riesenarschloch-komm-zu-mir-zurück-Nachricht von Trevor zu lesen.

Bei jedem Blick auf mein Handy wirft es mich in den Moment zurück, in dem ich Jerry angerufen habe, um ihm zu sagen, dass ich schon auf dem Weg bin, und dass es mir leid tut, und dass das nie wieder vorkommen wird, *diesmal wirklich nicht*, nur um ihn sagen zu hören, dass ich es mir sparen soll. Und dass ich gefeuert bin.

Zumindest kann mir die Hausverwaltung die Wohnung nicht ein zweites Mal fristlos kündigen. Ich habe in den letzten Monaten schleichend die Kontrolle über meine Finanzen verloren und die ganzen Mietrückstände nicht einmal bemerkt. Meinen Briefkasten habe ich seit Ewigkeiten nicht mehr geöffnet, und er wurde in dieser Zeit so vollgestopft, dass die Mahnungen nicht mal mehr Platz hatten, um zugestellt zu werden.

Mein Zimmer ist so stockfinster, dass sich das erneute Aufleuchten meines Displays aufdringlich über die Ränder des Handys durch die Dunkelheit stiehlt, und ich frage mich, was ich eigentlich noch zu verlieren habe.

Also drehe ich es um. Ich ersticke den Drang, laut aufzuheulen und laut aufzulachen, als ich Bals Worte lese.

Ich verspreche dir, dich nie wieder Cherry zu nennen, wenn du aufhörst, mich zu ignorieren

Und dann: **Okay, ignorier mich von mir aus, aber ignorier mich, während ich bei dir bin. Ignorier mich, während du dir etwas zu essen kochst, aber für zwei Personen, falls du mehr Hunger kriegen solltest. Ignorier mich bei dir zu Hause. Ignorier mich morgen um 8**

Yes, schreibe ich zurück, und lasse meinen Tränen endlich schluchzend freien Lauf.

›Drunk Texting‹
- Chris Brown, Jhené Aiko

Kapitel 15: Bal

»Bist du dir wirklich sicher, Boss?«

Maury sieht mich ernst an, und die Besorgnis, dass ich nun vollends den Verstand verloren haben könnte, steht ihm offen ins Gesicht geschrieben.

Dabei muss ich an Cher denken.

Daran, wie sie sich wohl gefühlt hat, als Maury *sie* so angesehen hat.

Bei dem Gedanken daran muss ich lächeln. Bei *jedem* Gedanken an Cher muss ich lächeln.

Und als sie mich heute Morgen nach fast einem Monat endloser Folter mit nur drei kleinen Buchstaben endlich von meiner Qual erlöst hat, habe ich endgültig akzeptiert, dass ich dieser Frau hoffnungslos verfallen bin. Von der Art wie sie *ist*, ohne zu überlegen, wie sie *sein sollte*. Ich merke, wie Maury durch meine liebestrunkene Miene immer mehr an meiner Zurechnungsfähigkeit zweifelt, also werfe ich ihm einen entschlossenen Blick zu, der keine weiteren Fragen zulässt.

Natürlich ist das übereilt.

Aber es hat sich nie richtiger angefühlt, einem

Gedanken auf meiner Haut die Ewigkeit zu schenken.

Ganz egal, wie das mit Cher irgendwann ausgeht. Wobei ich mir natürlich wünsche, dass wir beide das bekommen, was sich so richtig für uns anfühlt.

Sie hat mir nie offen gesagt, was sie für mich empfindet. Und natürlich ist mir ist klar, dass sich das zwischen uns in schwindelerregender Geschwindigkeit entwickelt. Das hat mir lange Angst gemacht, und ich bin mir sicher, dass es Cher auch ängstigt. Genau genommen sagt mir *alles* an ihr, dass sie versteht, was in mir vorgeht. Sie tut das, was ich all die Jahre getan habe.

Als meine Mom mich und meinen Dad allein gelassen hat, wortlos, ohne irgendeine Erklärung, in irgendeiner unheilvollen Nacht, während ich noch nicht einmal laufen konnte.

Und als ich zwar an Mias Seite war, aber irgendetwas tief in meinem Inneren mich daran gehindert hat, sie in mein Herz zu lassen.

Als ich alle von mir weggestoßen habe, weil ich wusste, dass niemand wirklich vorhatte, zu bleiben.

Nur dass Cher dieses Verhalten auf traurige Weise perfektioniert hat. Sich hinter einer Schutzmauer versteckt, die sie unfreiwillig aufgebaut hat, weil sie sich im Leben nie auf etwas wirklich verlassen konnte. Nicht einmal auf sich selbst.

Nichts wünsche ich mir mehr, als dass sie sich eines Tages so sehen kann, wie ich sie sehe.

Ich will ihr stundenlang dabei zuhören, wie sie mir beschreibt, was ihr alles durch den Kopf spukt. Ich will, dass sie mir von all den schönen Erinnerungen erzählt, die sie in ihrem Herzen trägt, und ich will ihr tausende Erinnerungen schenken, die tausend mal schöner sind als diese. Ich will ihre Wunden pflegen, ihre Narben küssen, ich will dass sie mir sagt, was sie fühlt, wenn sie meine Bilder sieht. Jedes einzelne. Ich will sie zeichnen, sie malen, will über sie schreiben, sie lesen.

Ich bin mir sicher.

Wenn es eine Sache gibt, die ich noch mehr für immer auf meiner Haut spüren will, als das, was Maury gerade mit schwarzer Tinte auf meiner Brust verewigt, dann ist es Cher.

Und wenn sie mich nicht wollen sollte, dann werde ich damit leben müssen.

Aber niemand kann mir nehmen, was sie mir an dem Tag gegeben hat, an dem sie den Regen von ihrem durchnässten Körper auf die Steinfliesen tropfen lassen hat, auf denen alles anfing, was hoffentlich nie wieder endet.

›feelings‹
- CLAY

Kapitel 16: Cher

In ein paar Stunden wird Bal hier sein, daher habe ich versucht, all meine Kraft zusammenzunehmen, um meine Wohnung halbwegs in Ordnung zu bringen. Um zu verbergen, was ich in den vergangenen Wochen gefühlt habe, in denen ich mich hier zurückgezogen, mich gehen lassen und letztendlich verloren habe.

Doch ich habe es nicht geschafft. Ich schaffe es nicht.

Er wird herkommen, und er wird sehen, was ich bin, wenn ich nicht bin, was ich war, als ich mit ihm war.

Ich will mich auf Bal freuen, ein Teil von mir tut es auch. Aus ganzem Herzen. Und das ist furchtbar, weil es immer dasselbe Muster ist. Ein Muster, das Bal nicht verdient. Er ist besonders, doch das war Trevor doch auch, oder nicht? Offensichtlich war er das *nicht*, doch irgendetwas muss mich das doch glauben lassen haben, sonst wäre ich schließlich niemals so lange an seiner Seite geblieben. Also war er doch irgendwann mal besonders, richtig? Und Miguel und Scotty davor auch. Nur Ted nicht -

der war von Anfang an scheiße. Tatsache ist: ich habe es immer und immer wieder versucht. Und bin immer und immer wieder gescheitert. Habe allem und allen so viele Chancen gegeben. Nicht nur der Liebe. Auch der Arbeit, meiner Familie, Freunden, mir selbst. Dem Leben. Die Angst vor diesem Muster lässt mich nicht los. Die Gewissheit über die endlose Schleife des Versagens nimmt mir jeden Mut, jede Hoffnung, eines Tages mal etwas *richtig* zu machen.

Ich kenne mich. Das ist nicht meine erste depressive Phase. Seitdem meine Diagnose gefallen war, stand ich streng unter Beobachtung. Mom, Dad, Mrs. Brown, Collin - scheiße, sogar *Amal.* Und auch wenn keiner von ihnen es mir jemals glauben wird: Auch ich habe mich beobachtet. Ich habe beobachtet, wie nach jeder weiteren depressiven Phase immer mehr das Gefühl ausblieb, erleichtert zu sein, mich nicht gegen dieses Leben entschieden zu haben.

Und in meiner Manie bin ich eine wandelnde Katastrophe für jeden, der sich in meinem näheren Umfeld befindet. Ob körperlich oder emotional. Ich habe mich mal wieder verloren und bin zum zigsten Mal an dem Punkt angelangt, an dem ich immer ankomme. Jedes Mal unmittelbar nachdem ich denke, dass es mir endlich wirklich gut geht. Dass ich mein Leben endlich unter Kontrolle habe. *Mich* unter Kontrolle habe. Ich habe mich so unsterblich gefühlt, dass der nüchterne Gedanke an meine Sterblichkeit mich jetzt mit einer Wucht trifft, die mir den Boden unter den Füßen wegreißt.

Ich greife zu meinem Handy und will Collin anrufen. Doch ich kann nicht. Mal wieder. Stattdessen sehe ich mir seine Insta-Story an. Er und Amal sind in Ägypten. Tauchen. Ein Selfie der beiden zeigt sie mit Schnorcheln und Sand und überglücklich. Ich vermisse Collin.

Ich weiß es, keiner von ihnen würde es mir jemals glauben. Also tue ich das, wozu Mrs. Brown mir immer rät, wenn ich mich verloren fühle. Ich schreibe. Ungefiltert, einfach so, das was ich denke.

Und das erste Mal in meinem Leben hoffe ich wirklich aus ganzem Herzen, dass man mir genug vertraut, um mich zu verstehen, auch wenn man mir nicht glauben kann:

»Ich habe lange keine Vögel mehr singen hören. Entweder sind sie erstummt, weil sie meine Stille nicht mehr ertragen konnten, oder sie sind weitergezogen, an einen Ort, einen schöneren, besseren Ort, den sie mir zeigen wollen…«

›Yebba's Heartbreak‹
- Drake, Yebba

Kapitel 17: Bal

»... Sie warten auf mich. Der Gedanke gibt mir Frieden...«

Mein Blick ist noch immer auf den Brief geheftet, den ich gefunden habe, als ich zum ersten Mal in Chers Wohnung eingetreten bin. Dann habe ich sie gefunden. Und habe den Notruf gewählt. Ich habe nach ihrem Handy gegriffen und ihre Mutter angerufen. Und Collin. Es ist so viel so schnell passiert, doch es fühlt sich an, als wäre die Zeit vor einer Stunde stehen geblieben. Unter den grellen Röhren des Krankenhausflures bringt niemand auch nur ein Wort über die Lippen. Ich lese und lese und lese Chers Brief.

»Von diesem Ort aus werde ich über euch wachen. Es wird ein Ort ohne Fehler sein. Er wird vollkommen sein, weil ich dort niemanden verletzen kann. Euch nicht. Mich nicht.
Es bricht mir das Herz, zu wissen, dass diese Zeilen eures brechen werden. Und das werde ich mir niemals, niemals verzeihen. Nicht in diesem

Leben, und nicht danach.

Aber ich könnte es mir noch weniger verzeihen, euch immer und immer wieder mitzureißen in meinem emotionalen Tornado. Im ständigen Wirbel, ohne die Aussicht, jemals den Boden zu finden. Anzukommen.

Meine echten, glücklichen Momente verdanke ich euch, und ich hätte mir kein anderes Leben gewüscht.

Ich habe Angst, dass ihr mich vergesst. Bitte vergesst mich nicht.

Collin, ich hoffe du denkst an mich, bei jedem Delfin, mit dem du tauchst.

Mom, ich wünschte, ich wäre an deine Anrufe gegangen. An alle. Immer.

Du bist mein bester Freund, Dad, und es tut mir leid, dass ich unsere Freundschaft vernachlässigt habe.

Ich bin nicht verrückt. Ich fühle nur viel. So, so viel. Zu viel.

Amal, pass bitte auf meine Familie auf. Familie, bitte seid gut zu Bal. Ich wüsche ihm eine Familie wie meine.

Bal, Balthazar, ich hätte uns gerne eine Chance gegeben. Mehr als alles andere auf der Welt. Und ich will daran glauben, dass wir in einem anderen Leben irgendwo auf den Galapagosinseln Pinguine beobachten und uns blöde Tattoos ste-

chen lassen, die wir bereuen, aber es wird egal
sein, weil wir uns haben werden. Von diesem Ort
aus summe ich eine Melodie, nur für dich.
Für immer. Cherry«

Nach einer Ewigkeit, die Zeit steht immer noch
auf Stunde Null, höre ich ihre Mom. Leise. Sie
klingt gebrochen, als sie sagt: »Ich wünschte, sie
hätte nicht Nein zum Leben gesagt.« Ich sehe
sie an, weil ich nichts sagen kann, was ihr das
Gegenteil beweist. Doch ich kann es ihr zeigen.
Ich greife in meine Hosentasche und ziehe das
kleine Stück Papier hervor, das ich seit dem
Morgen nach der Lasagne und Dumbo und
Rotwein und Pinguinen immer bei mir trage.
Ich werfe einen letzten Blick darauf, bevor ich
es für immer an Chers Mom übergebe.

Cherry, ich will mich mit dir ins Leben verlieben steht da in meiner unbeholfenen Schrift.

YES steht darunter, und es steht auf meiner
Brust, über meinem Herzen, verewigt auf meiner Haut, in ihrer Handschrift, für immer, und
es bricht mir das Herz, weil sie nie mit ihren
Fingern über ihre eigenen Worte streichen
wird, um zu fühlen, wie sie mein Herz darunter
schlagen lassen.

MIRAY PE

Miray Pe wurde 1995 in Südniedersachsen geboren und wohnt seither dort (denn: bestes Sachsen - Niedersachsen!). Ihr erstes Buch hat sie in der vierten Klasse für ihre Mutter geschrieben. Auf dreißig Seiten erzählt sie von einem Welpen namens Lucky, der mit seiner Familie auf einer Farm lebt. Zu diesem Zeitpunkt wurde ihre Liebe zum Schreiben geboren und wächst - wie ihre Liebe zu ihren beiden Hunden - von Tag zu Tag weiter.
Mehr auf Instagram: @bookplusme

Visit my author page on story.one:
story.one/en/author/miray-polat

Loved this book?
Why not write your own at story.one?

Let's go!